NOUVEAU
SYLLABAIRE

d'après les principes de la Méthode Sénéchal, à caractères mobiles

PRÉSENTANT LA MÊME SÉRIE D'EXERCICES

QUE LES

TABLEAUX DE LECTURE

PAR

Louis GOSSIN

PARIS

CHEZ CH. BLÉRIOT, ÉDITEUR

QUAI DES GRANDS-AUGUSTINS, 55

1868

NOUVEAU SYLLABAIRE

25778

PRINCIPAUX OUVRAGES DE M. LOUIS GOSSIN

Manuel élémentaire d'Agriculture, à l'usage des Écoles primaires de la Lorraine et des Ardennes; ouvrage couronné par la Société impériale et centrale d'Agriculture. (Vouziers, Flamand-Ansiaux, 1839.) 1 vol. in-18.

Manuel élémentaire, à l'usage des Écoles primaires des départements de la Mayenne, d'Ille-et-Vilaine, des Côtes-du-Nord, du Morbihan et de la Loire-Inférieure; ouvrage couronné par la Société impériale et centrale d'Agriculture. (Nantes, Forest, 1840.) 1 vol. in-18.

Les Avantages de la réunion territoriale, ouvrage couronné par la Société d'Agriculture de Nancy. (Paris, Bouchard-Huzard, 1841.) Brochure in-18.

Quelques mots sur la situation des esprits en France touchant l'Agriculture. (Paris, Bouchard-Huzard, 1846.) Brochure in-18.

L'Agriculture française, volume grand in-4° jésus, contenant une carte agricole de la France, et orné de 225 planches dessinées par MM. Isidore Bonheur, Rouyer, Milhau, Mlle Rosa Bonheur. (Paris, Lacroix, quai Malaquais, 1858.)

Principes d'Agriculture, 2 volumes in-12. (Paris, Lacroix, 1859.)

Extrait de l'Agriculture française, 30 couvertures de cahiers à l'usage des élèves des Écoles primaires. (Paris, Garnier, 16, rue Hautefeuille, 1859.)

Enseignement agricole. Brochure in-8°. (Paris, Lacroix, 1862.)

Enseignement agricole appliqué à l'instruction publique. (Paris, Lacroix, 1864.)

Manuel élémentaire et classique d'Agriculture, d'Arboriculture et de Jardinage, approprié aux diverses parties de la France. (Quatrième édition. Paris, Fouraut, 47, rue Saint-André-des-Arts, 1866.)

Guide pratique des Conférences agricoles. (Paris, Lacroix, 1865.)

Articles Froment, Pommes de terre, etc., de l'*Encyclopédie agricole*, publiée sous la direction de MM. Moll et Gayot. (Librairie Didot, 1865.)

Traité spécial sur les osiers. (Paris, Blériot, 55, quai des Grands-Augustins, 1866.)

L'enseignement agricole appliqué à l'instruction primaire et à l'instruction secondaire. (Paris, Blériot, 1867.)

Arithmétique élémentaire (classiques agricoles). (Paris, Blériot, 1868.)

Grammaire élémentaire, avec exemples se rapportant à l'agriculture (**classiques agricoles**). (Paris, Blériot, 1868.)

Premières lectures (classiques agricoles). (Paris, Blériot, 1868.)

Cours de dictées faisant suite à la Grammaire élémentaire (classiques agricoles). (Paris, Blériot, 1868.)

NOUVEAU
SYLLABAIRE

D'après les principes de la Méthode Sénéchal, à caractères mobiles

PRÉSENTANT LA MÊME SÉRIE D'EXERCICES

QUE LES

TABLEAUX DE LECTURE

PARIS
CHEZ CH. BLÉRIOT, ÉDITEUR
QUAI DES GRANDS-AUGUSTINS, 55

1868

SAINT-CLOUD. — IMPRIMERIE DE Mme Ve BELIN.

NOUVEAU SYLLABAIRE

D'après les principes de la Méthode Sénéchal, à caractères mobiles

PRÉSENTANT LA MÊME SÉRIE D'EXERCICES

QUE LES

TABLEAUX DE LECTURE

Voyelles ou sons simples.

a e é è ê i y o u

à â   î   ô û

RÉCAPITULATION.

1ᵉʳ Exercice.

è ê i y o ô a à â

î i û u e é y i

ê a i o u é y è e

Consonnes ou articulations.

ARTICULATIONS SIMPLES.

b	c	d	f	g	j	k	l	m	n
be	que	de	fe	gue	je	que	le	me	ne

p	q	r	s	t	v	x	z
pe	que	re	se	te	ve	xe	ze

h (lettre nulle)

ARTICULATIONS COMPOSÉES.

ch	ph	gn	ill (mouillé)
ch	ph	gn	ill

RÉCAPITULATION.

c	q	k	b	d	t	v	f	ph	l
r	p	s	n	z	m	x	g	j	ch

gn ill
ie

2ᵉ Exercice.

MAJUSCULES.

a	e	é	è	ê	i	o	u
A	E	É	È	Ê	I	O	U

---

b	c	d	f	g	h	j	k
B	C	D	F	G	H	J	K

l	m	n	p	q	r	s	t
L	M	N	P	Q	R	S	T

v	x	y	z
V	X	Y	Z

3ᵉ Exercice.

Syllabes formées d'une articulation et d'un son simple.

Prononcez d'abord l'articulation. Lisez ensuite la syllabe.

	a	e	é	è
b	ba	be	bé	bè
d	da	de	dé	dè
f	fa	fe	fé	fè
l	la	le	lé	lè
m	ma	me	mé	mè
n	na	ne	né	nè
p	pa	pe	pé	pè
r	ra	re	ré	rè

	ê	i	y	o	u
b	bê	bi	by	bo	bu
d	dê	di	dy	do	du
f	fê	fi	fy	fo	fu
l	lê	li	ly	lo	lu
m	mê	mi	my	mo	mu
n	nê	ni	ny	no	nu
p	pê	pi	py	po	pu
r	rê	ri	ry	ro	ru

LECTURE COURANTE.

Bébé a du bobo, le dada a bu, le dé de la dame, une alène fine, la mule du pape, papa a fumé, la pipe de papa, René a poli la lime, le délire du malade, de la farine pure, la robe de bure, la parole rude, la parure de la dame, la robe à la mode, une pilule amère, la lune a paru, la parole de ma mère, la dure famine, papa me fera lire, ma mère file, la lyre de Remy, le pylore malade, l'ami fidèle, l'épi a mûri, l'ébène dure, l'âne a bu à la mare.

	a à â	e	é	è
s	sa	se	sé	sè
t	ta	te	té	tè
v	va	ve	vé	vè
x	xa	xe	xé	xè
z	za	ze	zé	zè

1.

	ê	i	y	o ô	u û
s	sê	si	sy	so	su
t	tê	ti	ty	to	tu
v	vê	vi	vy	vo	vu
x	xê	xi	xy	xo	xu
z	zê	zi	zy	zo	zu

LECTURE COURANTE.

(RÉCAPITULATION DES CONSONNES APPRISES DANS LES DEUX PREMIÈRES PARTIES DU 3ᵉ EXERCICE.)

Ma mère a dévidé sa bobine, la lune se lève, la tulipe se fane, la rame du pilote, la fête de ma mère, de la pâte de farine, René a été malade, la tôle dure, la petite pelote, le mérite rare, Sévère a été fidèle, la sole a paru fade, la séve du mélèze, le bitume solide, Lazare a lu vite, Zoé a sali sa robe, le zéro a été raturé, le numéro du loto, le pavé de bitume, la parole divine, le député a voté, Valère a tué la vipère, Anatole va vite, Adèle lève la tête, la rapidité de la ravine, Maxime a du zèle, le luxe de la parure, la rixe a été fatale, la pyramide solide, l'utilité de la dorure, la pureté de l'âme.

	a à â	e	é	è
j	ja	je	jé	è
g	ga			
c	ca			
k	ka	ke	ké	kè
q qu	qua	que	qué	què

	ê	i	y	o ô	u û
j	ê	ji	jy	jo	ju
g				go	gu
c				co	cu
k	kê	ki	ky	ko	ku
q qu	quê	qui	quy	quo	qû

LECTURE COURANTE.

(RÉCAPITULATION DE TOUTES LES CONSONNES APPRISES DANS LES PREMIÈRES PARTIES DU 3ᵉ EXERCICE.)

Je dîne à midi, je sale le rôti, je sème de la salade, le joli panorama, je répète le rôle, le vote de la majorité, Julie a réparé sa jupe, j'avale la pilule, j'imite le modèle, Émile a de la pâte de jujube, Jérôme a juré, le jury a délibéré, Joly a sali le canapé, le légume a paru fade, Roza a la figure pâle, Maxime a vu la locomotive à la gare, Caroline lave le pavé, la carafe vide, évite la colère, tire la cuve, une comète a paru, le joli sycomore, Joli a bu du café moka, Julie a fini sa robe de gaze, Aline a salé le macaroni, la cale du navire, le pirate a vécu de rapine, j'ôte ma capote, l'arôme du café, l'étoffe du curé, l'étude du code, le joli képi de Remy, Lévi a vu le Kabyle, la fête de Pâques, Maxime taquine, le curé fera la quête, la coque du navire, le malade paralytique, l'écume du liquide.

---

gu se prononce comme **g**

	a	e	é	è
gu	gu a	gu gue	gu gué	gu guè

ê	i	y	o	u
gu gu guê	gu gui	gu guy	go	gu

Le guide fidèle, la guitare sonore, le navire vogue, la guêpe pique, la guérite solide, Jérôme se fatigue, la guêpe m'a piqué à la figure.

---

g se prononce comme **j**

ja	je	jé	jè	jê
gea	ge	gé	gè	gê

ji	jy	jo
gi	gy	geo

LECTURE COURANTE.

Le mérite du sage, Jérôme a lu sa page, le pâturage de la vache, la loge de la girafe, le gîte de sûreté, la maturité de l'âge, l'image de la vérité, je gère le revenu de ma mère, la gêne de l'âme, ma capote me gêne.

ç C se prononce comme **s**

sa	se	sé	sè	sê
ça	ce	cé	cè	cê

si	sy	so	su
ci	cy	ço	çu

LECTURE COURANTE.

La façade légère, le joli céleri, Félicité dira la vérité, la bête féroce a péri, le reçu de la dame, la police menaça le pirate, ceci, cela, la cécité, la cène, la cité, de la cire, Cécile, la civilité.

RÉCAPITULATION

DE TOUTES LES CONSONNES OU ARTICULATIONS SIMPLES.

b d f l m n p r s t v x z

j g c k q

Syllabes formées d'une articulation composée et d'un son simple.

D'abord, prononcez l'articulation composée et ensuite lisez la syllabe.

	a	e	é	è
gn	gna	gne	gné	gnè
ph	pha	phe	phé	phè
ch	cha	che	ché	chè
ill	ill a	ill e	ill é	ill è
h (nulle.)	ha	he	hé	hè

	ê	i	y	o	u
gn	gnê	gni	gny	gno	gnu
ph	phê	phi	phy	pho	phu
ch	chê	chi	chy	cho	chu
ill	ill ê	ill i	ill y	ill o	ill u
ih (nulle.)	hê	hi	hy	ho	hu

La lettre **h** est nulle lorsqu'elle ne fait pas partie des composés **ch ph**.

LECTURE COURANTE.

La charité du digne curé, le châle de ma mère, une bûche de chêne, la biche se cache, la mèche fume, le pavé a séché, le nuage cache la lune, retire ta chopine, la chute rapide du chêne, évite le péché, la pêche a mûri, ma mère se dépêche, la vache pâture, Maxime a fini sa tâche, papa ira à la pêche, Ignace ignore la vérité, Luca fera sa signature, le navire égaré a gagné la côte, Zoé se cogne la tête, la rognure de la tôle, le binage de la vigne, le règne du pacha, le phare se bâtira, Philomène a vu le phénomène qui a paru, de la colophane dure, le paraphe de papa, le phoque du pôle, de la paille sèche, la façade de la muraille, je taille la vigne, la futaille vide, le pacha a gagné la bataille, la médaille de l'ami Joli, honore ta mère, le hâle a fané le légume, Honoré a la figure hâve, Hélène se hâte, Émile sera habile, j'habite la capitale, humanité, humidité, Remy a caché ma hache, Agathe a de la salade hâtive, Anatole a lu la méthode, Catherine a le rhume, Théodore a vu le Rhône,

le thè me de Thé o phi le se ra fi ni
à mi di.

RÉCAPITULATION

DES ARTICULATIONS COMPOSÉES.

ch   ph   gn   ill

DEUX SONS RÉUNIS.

ia   ié   iè   io   ui

4ᵉ Exercice.

Syllabes formées d'un son double et d'une articulation initiale.

D'abord, prononcez séparément l'élément syllabique déjà connu et le son final. Ensuite, lisez rapidement les trois éléments réunis.

bi a	di a	fi a	li a
bi é	di é	fi é	li é
bi è	di è	fi è	li è
bi o	di o	fi o	li o
bu i	du i	fu i	lu i
cu i	ju i	su i	ru i

ni a	mi a	pi a	ti a
ni é	mi é	pi é	ti é
ni o	mi o	pi o	ti o
nu i	mu i	pu i	tu i
hu i			

LECTURE COURANTE.

Le dia dè me jo li, la li gne dia go na le, le li qui de, la bui re, l'é tui de Lia, la pe ti te fio le de ra ta fia, la piè ce de la ro be, la tia re du pa pe, la lu mi è re di vi ne, la pié té fi lia le, la fui te du vi ce, de la biè re sû re, ma niè ce a ô té la sa liè re, la ma tiè re so li de, de la tui le cui te, Re my fe ra diè te, le lé gu me cui ra, la li tiè re du do gue, le chê ne lié ge, le siè ge du ju ge, la ma li gni té, le pié ge, le gué de la ri viè re, la ta ba tiè re de pa pa, de l'hui le d'o li ve.

— 20 —

5ᵉ Exercice.

Syllabes formées d'une double articulation et d'un son simple.

Prononcez séparément l'articulation initiale et l'élément syllabique déjà connu, et ensuite lisez rapidement les trois éléments réunis.

b la	b le	b lé	b lè	b lê
c la	c le	c lé	c lè	c lê
f la	f le	f lé	f lè	f lê
g la	g le	g lé	g lè	g lê
p la	p le	p lé	p lè	p lê
b ra	b re	b ré	b rè	b rê
c ra	c re	c ré	c rè	c rê
f ra	f re	f ré	f rè	f rê
g ra	g re	g ré	g rè	g rê
p ra	p re	p ré	p rè	p rê

b li	b ly	b lo	b lu
c li	c ly	c lo	c lu
f li	f ly	f lo	f lu
g li	g ly	g lo	g lu
p li	p ly	p lo	p lu
b ri	b ry	b ro	b ru
c ri	c ry	c ro	c ru
f ri	f ry	f ro	f ru
g ri	g ry	g ro	g ru
p rî	p ry	p ro	p ru

LECTURE COURANTE.

De la farine de blé, le livre utile, la morale du vénérable prêtre, la prière de l'élève, je blâme le vice, la cloche de l'école, la grâce divine, le cri de la nature, la table frugale, je taille ma plume, la promenade agréable, la brèche de la muraille, la cruche vide, la cloche fragile, la fièvre me brûle, la chèvre, du trèfle, le pilote brave la brume, le frère, la charité, Flore a lâché la bride de l'âne, la trame de la vie, le crime du fratricide, la plume de la flèche, la fête de la Trinité.

6ᵉ Exercice.

Sons composés. — Deux éléments inséparables.

e   o   è   oa
eu   au   ai   in   an   un   on   ou   oi

Syllabes formées d'une articulation initiale et d'un son composé.

(Même procédé à suivre que dans la première leçon.)

	eu	au	ai	in	an
b	beu	bau	bai	bin	ban
d	deu	dau	dai	din	dan
f	feu	fau	fai	fin	fan
j	jeu	jau	jai	jin	jan
l	leu	lau	lai	lin	lan
m	meu	mau	mai	min	man
n	neu	nau	nai	nin	nan
p	peu	pau	pai	pin	pan
r	reu	rau	rai	rin	ran
s	seu	sau	sai	sin	san
t	teu	tau	tai	tin	tan
v	veu	vau	vai	vin	van
x	xeu	xau	xai	xin	xan
z	zeu	zau	zai	zin	zan

	un	on	ou	oi
b	bun	bon	bou	boi
d	dun	don	dou	doi
f	fun	fon	fou	foi
j	jun	jon	jou	joi
l	lun	lon	lou	loi
m	mun	mon	mou	moi
n	nun	non	nou	noi

	un	on	ou	oi
p	pun	pon	pou	poi
r	run	ron	rou	roi
s	sun	son	sou	soi
t	tun	ton	tou	toi
v	vun	von	vou	voi
x	xun	xon	xou	xoi
z	zun	zon	zou	zoi

LECTURE COURANTE.

eu   au   ai   on   oi

Le jeu a duré peu, il fera du feu, le jeudi, je déjeune à midi, le jeûne du Carême, le baume salutaire, la sauce amère, le maire de la localité, la mitaine de laine, le capitaine du navire, Pauline a sali sa robe neuve, Maurice fera l'aveu de sa faute, la boule roule, la mouche vole, la feuille de chou, Sidoine a obéi à la loi, Antoine a semé de l'avoine, une boîte de sapin, de la toile de chanvre, la voile du navire se déchire, la taupe a coupé la mauve, j'ai vu l'étoile polaire, la foule s'écoule, Hilaire sera lapidaire, la meule du moulin, je demeure à Dijon.

———

in   an   un   on

Le lin se file fin, le bon amadou, la poule a pondu, le serin a du mouron, le moule de bouton, le mouton bêle, le matou a mangé le pinson, Simon a tondu le mouton, le ruban de satin rouge, j'aime la soupe au potiron, le nonce du pape, le lapin a mangé le romarin, Léon a démonté la machine, le singe a rongé l'amande, le mandataire du notaire, la devanture de la boutique, de la ganse noire, Suzon me fera un jupon de coton, Maurice ira lundi à l'école, Paulin a bu de la limonade, j'ai lu l'évangile du dimanche, j'ai vu un zouave, on a fauché le gazon.

———

(Même procédé).

			eu	**au**	**ai**
g	se prononce	gue		gau	gai
g	—	j	geu	geau	geai
k			keu	kau	kai
qu	—	k	queu	quau	quai
c	—	k		cau	cai
ç	—	s	ceu		çai
ch			cheu	chau	chai
gn			gneu	gnau	gnai
ph	—	f	pheu	phau	phai
h			heu	hau	hai

			in	**an**	**un**
g	se prononce	gue	guin	gan	gun
g	—	j	gin	gean	
k			kin	kan	kun
qu	—	k	quin	quan	qu'un
c	—	k		can	cun
ç	—	s	cin	çan	
ch			chin	chan	chun
gn			gnin	gnan	
ph	—	f	phin	phan	
h			hin	han	hun

2

			on	**ou**	**oi**
g	se prononce	**gue**	gon	gou	goi
g	—	**j**	geon		geoi
k			kon	kou	koi
qu	—	**k**	quon	quou	quoi
c	—	**k**	con	cou	coi
ç	—	**s**	çon		çoi
ch			chon	chou	choi
gn			gnon	gnou	gnoi
ph	—	**f**	phon	phou	phoi
			hon	hou	hoi

LECTURE COURANTE.

Le can ti que de Sa lo mon, cha cun ga gna son che min, le con gé du jeu di, la la me cou pe, con so le ton a mi, un pan ta lon de nan kin, Sé ve rin a é té à Pé kin, ca pi ta le de la Chi ne, la fa çon du ca le çon, la fa ça de de la mu rail le, Si mon a re çu sa le çon, le cha ran çon ron ge le blé, Sé ra phin a bu du vin du Rhin, Zé phi rin a a che té le mou lin de Sé ra phin, Su zon a dé bou ché le si phon, le bou chon du ca ra fon, un ro gnon de mou ton, une vi ve ré pu gnan ce, la chai re de vé ri té, la gueu le de la lou ve, la lon gue gau le de Lu bin, le ma rin a vu un re quin, le geai a sa li le ba di geon, Su zan ne man gea du pi geon, la man geaill e de la vo laill e, la hon te du vi ce, la hau te mon ta gne, l'heu re de l'é tu de.

7ᵉ Exercice.

Sons doubles.

i eu	i an	i on	o in
bi eu	di eu	fi eu	li eu
ci an	di an	fi an	li an
bi on	di on	si on	li on
co in	fo in	jo in	lo in
mi eu	ni eu	pi eu	vi eu
mi an	ni an	vi an	ri an
mi on	pi on	ri on	vi on
mo in	po in	so in	go in

LECTURE COURANTE.

J'ai me le bon Dieu, la re li gion é- lè ve l'â me, le té moin sin cè re, l'in soucian ce de l'é lè ve, la con ta gion du vi ce, u ne ré gion loin tai ne, la join tu re du ge nou, on cou pe le foin à la fin de juin, Zé phi rin au ra soin du foin, le poin çon ai gu, la poin te pi quan te, Lé on a jou é du vio lon, la fi gu re rian te, la moi tié de la poi re, le pieu poin tu, le pié ton va vi te, la chau miè re de la meu niè re, An toi ne con dui ra la voi tu re.

8ᵉ Exercice.

Syllabes formées d'une double articulation et d'un son composé.

Prononcez séparément l'articulation initiale et l'élément syllabique déjà connu ensuite lisez rapidement la syllabe.

	eu	**au**	**ai**	**in**
b	leu	blau	blai	blin
c	leu	clau	clai	clin
f	leu	flau	flai	flin
g	leu	glau	glai	glin
p	leu	plau	plai	plin
b	reu	brau	brai	brin

c	reu	crau	crai	crin
d	reu	drau	drai	drin
f	reu	frau	frai	frin
g	reu	grau	grai	grin
p	reu	prau	prai	prin
t	reu	trau	trai	trin
v	reu	vrau	vrai	vrin

	an	**on**	**ou**	**oi**
b	lan	blon	blou	bloi
c	lan	clon	clou	cloi
f	lan	flon	flou	floi
g	lan	glon	glou	gloi
p	lan	plon	plou	ploi
b	ran	bron	brou	broi
c	ran	cron	crou	croi
d	ran	dron	drou	droi
f	ran	fron	frou	froi
g	ran	gron	grou	groi
p	ran	pron	prou	proi
t	ran	tron	trou	troi
v	ran	vron	vrou	vroi

LECTURE COURANTE.

Le fleu ron de la cou ron ne, le ga zon fleu ri, le quai du fleu ve, un sa lon meu blé, la vigne pleure, Claude a coupé la branche sèche du frêne, André chantera au lutrin, le glaive de la loi, le son du clairon, la chevelure blonde de Placide, le clou de girofle, le jeu de blanque, le héron plonge, Clara a sali sa robe blanche, le cheveu brun de Flore, le balai de crin, le libraire a doré la tranche du livre, le trou du lapin, le canon de bronze, le chaudron de cuivre jaune, Magloire a du chagrin, son oncle l'a grondé, Simon a troué son pantalon bleu, la solidité de la tringle, le cône tronqué, la ligne droite du chemin, Claire a glané du blé, l'oubli de l'injure, la patrouille militaire, un clou d'épingle, la planche de sapin, la calandre ronge le blé, le cadran solaire, le défilé de la troupe, Maxime a franchi le fleuve, le branle de la cloche, le cèdre du Liban, je ferai ma prière, la chèvre a brouté la vigne, le plançon de saule, la vache ira paître, Noé planta la vigne, la gloire de Dieu, du bleu azuré, le dé blai du pré au, le prin ce ch éri, la plan te u ti le, la gran ge so li de, le plon geon du hé ron.

9ᵉ Exercice.

Syllabes terminées par une articulation qui se prononce.

a b	a c	a d	a f	a g	a l
i b	i c	i d	i f	i g	i l
o b	o c	o d	o f	o g	o l
u b	u c	u d	u f	u g	u l
y l	a p	a r	a s	a t
	y p	y r	y s	
	o p	o r	o s	o t
	u p	u r	u s	u t

APPLICATION.

Ab so lu, ad mi ré, ac te, al cô ve, ap ti tu de, ar mu re, ar gi le, as pé ri té, Oc ta ve, oc to go ne, or ga ne, ul cè re, ur ba ni té, ju if, su if, as, A bi as, at las.

Un ac te de cou ra ge, un mo tif ab so lu, une ar mu re lé gè re, Oc ta ve a ob te nu u ne pla ce, Ur su le a de l'ur ba ni té.

10ᵉ Exercice.

Syllabes composées d'un son précédé et suivi d'une articulation.

Prononcez séparément l'élément syllabique déjà connu et l'articulation finale. Ensuite, lisez rapidement la syllabe.

ba c	ca c	da c	fa c	la c	ma c
ba l	ca l	da l	fa l	la l	ma l
ba r	ca r	da r	fa r	la r	ma r
ba s	ca s	da s	fa s	la s	ma s

na c	pa c	sa c	ta c	va c
na l	pa l	sa l	ta l	va l
na r	pa r	sa r	ta r	va r
na s	pa s	sa s	ta s	va s

bo l	co l	do l	fo l	go l	lo l
bo r	co r	do r	fo r	go r	lo r
bo s	co s	do s	fo s	go s	lo s
bu l	cu l	du l	fu l	gu l	lu l
bu r	cu r	du r	fu r	gu r	lu r
bu s	cu s	du s	fu s	gu s	lu s
bi f	ci f	di f	fi f	gi f	li f
bi l	ci l	di l	fi l	gi l	li l
bi s	ci s	di s	fi s	gi s	li s

mo l	no l	po l	so l	to l	vo l
mo r	no r	po r	so r	to r	vo r
mo s	no s	po s	so s	to s	vo s
mu l	nu l	pu l	su l	tu l	vu l
mu r	nu r	pu r	su r	tu r	vu r
mu s	nu s	pu s	su s	tu s	vu s
mi f	ni f	pi f	si f	ti f	vi f
mi l	ni l	pi l	si l	ti l	vi l
mi s	ni s	pi s	si s	ti s	vi s

ca p	da p	la p	ma p	pa p	ra p	do c
ro c	so c	jo b	su b	su c	su d	ru p
ci d	vi d	ti c	su b	vi c	vi s	

APPLICATION.

Dot, Job, Jacob, coq, choc, Cognac, gaz, Marc, mars, laps, Léonidas, Épaminondas, David, lis, gratis, jadis, Adonis, Métis, cacis, déficit, Félix, Zénith, duc, Luc, sud, chut, luth, Ruth, azur, Darius, Brutus, calus, typhus.

Le suc lacté de la plante, la culture du sol, le volcan lance du feu, le baldaquin du catafalque, le sarcophage du général, le caporal de garde, Charlemagne régna sur la France, le son de la harpe charma le monarque.

2.

Le cheval a culbuté sa charge, le plan horizontal, le mastic durci, le garçon de boutique, le signal de la révolte, la récolte a été abondante, le vacarme de la multitude, le parjure révolte le juste, le martyr de la charité, le mystère de foi, la palme du martyre, la cohorte fera halte, Arthur a le rhume, il ira à l'hospice, on sonne le tocsin, Luc se parfume, Oscar a avoué sa faute, la postérité de Jacob, le roi David, la dot de la dame, le lapin a dévasté le jardin, Palmyre a garni le sac de Gustave, la plante vulnéraire, Azor a mordu la patte de la chatte, le huit de pique, le déficit de la caisse, le jalap, plante purgative, Adolphe touche de l'orgue, la harpe de Victor, j'ai vu l'amiral sortir de l'arsenal, Auguste a lu l'histoire de France, Félix aime la moutarde piquante, Gaston a su son catéchisme, Alphonse a formé le total, le vigneron cultive la vigne, il récolte le vin, le bazar de la foire, le cap é le vé, le choc de la voi tu re, le coq a chan té, le gou jon a mor du à l'ha me çon, chut, le voilà.

La cap ti vi té de Ba by lo ne, le pos te mon te la gar de, la mon ta gne du Cal vai re, Pas cal ira à l'é co le nor ma le de Col mar, le par don de l'in ju re, le mar di de la se mai ne, man ge ta sar di ne, Os car par ti ra lundi p our Gap, don ne du four ra ge au che val, j'ai vu la co lon ne mo no li the de la pla ce de la Con cor de, une at ta que de gout te, un bou ton de vac cin, le mé de cin vac ci na teur, Os car a é té vac ci né.

11ᵉ Exercice.

Les sons **eu, au, ou, oi, an** sont quelquefois modifiés par une articulation finale qui se prononce.

(Même procédé à suivre que dans la leçon précédente.) **EXEMPLE :**

eu f, eu l, eu r, au f, au g, au l, au s, au r, ou c, ou f, ou l, our, oif, oi l, oi r.

beu r	deu r	leu r	meu r	neu r
peu r	reu r	teu r	seu r	veu r
pau l	sau f	vau r	mau r	cau s
bou r	dou r	cou r	fou r	lou r

mou r	nou r	pou r	sou r	tou r
boi r	doi r	loi r	moi r	noi r
poi r	toi r	soi r	voi r	soi f

LECTURE COURANTE.

L'a mour de Dieu, le sau veur du monde, il n'y a qu'un seul Dieu, la lueur du feu, la sueur du la boureur, la légion d'hon neur, la ma chi ne à va peur, la ro be de cou leur, le tu teur du mi neur, ma dou leur a duré une heure, la hau teur de la tour, le mo ni teur de l'école puni-ra le par leur, la bour se vi de, le loir ron geur, le bou doir, le ma noir, le mou choir rou ge, le ti roir de la ta ble, le jeu di se ra le jour de con gé, bon jour papa, bon soir ma man, le jeu ne bou c a peur, la soif du ma la de, j'ai une soif dé-vo ran te, la sa veur du vin, le re tour de la san té, j'ai me la fleur o do ri fé ran te du jas min, la source de la fon tai ne, le pour tour de la cour, la fu reur du jeu, Paul i ra à Toul, le neuf de pi que, le pan-ta lon neuf, le vo leur se ra pu ni, la hau-teur de la py ra mi de, le lin ceul de toi-le, le bai gneur a la vé son é pa gneul, la vi gne bour geon ne, Pas cal a lu le jour nal, la lon gue bar be noi re du sa peur, le clair de lune, la douceur de l'air, la clarté du jour, le crépuscule du soir, le facteur rural, Adolphe travaille au jardin, il sera horticulteur, le sanctuaire, la grâce sanctifiante, le pôle austral, l'austérité du juge.

12ᵉ Exercice.
Articulations doubles ou simples.

bl	cl	chl	fl	phl
fr	phr	gr	pr	tr
scl	scr	sl	sp	spl
gl	pl	br	cr	chr
vr	dr	sb	sq	sc
st	str	sph	sv	mn
ps	pt			

APPLICATION.

Le psaume de David, le cantique du psalmiste, un auteur pseudonyme, le sbire se cache, le scribe occupe la stalle du sténographe, la spatule d'ivoire, le store se lève, un scapulaire de laine noire, un triangle scalène, le stigmate de la justice, Porphyre a une bille de stuc, le musc, liqueur odorante, un stère de chêne, on place la statue, la loi a statué, évite le scandale, Marc tire de l'arc, un devoir strict, un navi re d'u ne é lé gan te struc tu re, la sphè re a u ne for me ron de, un squir rhe, tu meur du re, la mné mo ni que ai de la mé moi re, la cor de du luth, sphinx, mons tre de la fa ble.

13ᵉ Exercice.

e se prononce **é**, quelquefois **è** au commencement des mots, dans le corps d'une syllabe et devant **x**.

eb, ec, ed, ef, eph, eg, el, ep, er, es, ex

APPLICATION.

eb — O reb, Ca leb.
ec — Bec, sec, a vec, va rec, la lec tu re; rec ta, rec to, rec teur.
ef — Un chef, la nef, du re li ef, un gri ef.
el — Du sel, Lu nel, A bel, Mi chel, Mar cel, Ra gu el, Ra chel, Sa mu el, Del phi ne, la tour de Ba bel, un bel vé der, du ca ra mel, le ci el, le fi el, du mi el, na tu rel, mor tel, le co lo nel, l'au tel, le pé ché o ri gi nel, une taill e svel te.
ep — Le ju lep, le rep ti le, Nep tu ne, j'ac cep te, le pré cep te.
er — Du fer, un ver, la mer, le can cer, l'hi ver, de l'her be ver te, la lu zer ne, la her se, une as per ge, la ver tu,

la perle, la lanterne, la perte, le verbe, la ferme, un merle.

es — Modeste, Nestor, la peste, le reste, le feston, un geste leste, un vestibule, mesquin, le destin.

ex — L'index, le codex, du silex, le vertex, la dextérité, le texte, la plante textile, le Mexique, la réflexion, le sexe, expiré, expliqué.

LECTURE COURANTE.

Dieu gouverne le monde, la majesté divine, j'admire la vertu, je déteste le vice, le fer s'épure au feu, une gerbe de blé, Michel fera la lecture, Modeste a mangé le reste du festin, un merle se perche sur le hangar de la ferme, j'aime l'odeur de l'éther, monte au belvéder, l'orage a versé la luzerne, Delphine a une taille svelte, le Portugal borde l'Espagne, Agnès a vu l'escorte du prince, le bec de gaz, l'insecte et le reptile, un ver a rongé l'asperge, Omer a acheté une herse de fer, Judith tua Olopherne, le pigeon a mangé la vesce, le cheval aime l'herbe verte du pâturage, le caramel amer, le mal de la peste, Prosper a porté le cierge pascal, Marcel a bu du vin de Lunel, le clergé monte à l'autel, le pasteur a expliqué le texte de son sermon, Félix a l'index coupé, le chanvre, plante textile, se balance sur sa tige flexible, la dextérité de l'artiste, Ernest a été au Mexique, faute d'un clou, le cheval a perdu son fer, le marnage améliore le sol de la terre, l'asphalte, bitume noir.

13ᵉ Exercice (suite).

ef-fe, el-le, er-re, es-se, et-te.

ef-fe — Le greffe du tribunal, la greffe de l'arbre, je greffe une plante.

el-le — La chapelle, la nacelle, la ficelle, la pelle, la selle, la semelle, la javelle, de la flanelle, la vaisselle, la cervelle, la chandelle, l'échelle, je nivelle.

er-re — La terre, la guerre, la pierre, la serre, un verre, du lierre, le tonnerre, je ferre.

es-se — La messe, la sagesse, la politesse, la paresse, la richesse, la jeunesse, je cesse, je me confesse.

et-te — Cette assiette nette, une fourchette, une omelette, une côtelette, la lunette, la baguette, la casquette, remettre une lettre, je jette, une brouette.

LECTURE COURANTE.

La terre a la forme d'une boule, la guerre sanglante, le tonnerre gronde, Juliette observe l'étiquette, l'hirondelle gazouille, la chandelle brûle vite, la veste de flanelle, la tourelle de la nouvelle chapelle, le sacrifice de la messe, la sagesse éternelle, la tourterelle roucoule, Esther a cassé la belle cuvette de porcelaine, la feuille tranchante de la laîche blesse la langue du cheval, la mer de la Manche sépare l'Angleterre de la France, la serre cruelle du vautour, la pelle se moque du fourgon, Alfred a cassé l'arçon de la selle, Abel a perdu sa belle casquette, j'ai mangé de l'omelette, le charron a fini la brouette, donne-moi cette assiette, ramasse ta fourchette, plie ta serviette, observe la politesse, évite la paresse, presse-toi de remettre cette lettre à son adresse, j'ai assisté à la messe, Salomon préféra la sagesse à la richesse.

14ᵉ Exercice.

SONS ÉQUIVALENTS.

prononcez

a. à, ah, ha.			
â. hâ.			
e. eu, heu, œ, œu.	**e**nt.		
é. eh, hé, ez, et le mot et.			
è. hè, ai, hai, ay, ei, ey.	**a**ent.	**aï.** a. i.	
ê. es, hê, et, est. à la fin des mots.			
i. y, hi, hy.	**i**ent.		
o. au, hau, eau.		**aü.** a. u.	
un. um, hum, eun.			
an. am, han, ham, en, aon, aen.			
in. im, yn, ym, ain, aim, ein.		**aïn.** a. in. **aïm.** a. im.	
on. om, hon, hom, eon.			
ou. hou.	**ou**ent.	**oü.** o. u.	
oa. oi, oy, hoi.	**oi**ent.	**oï.** o. i.	

SONS COMPOSÉS MOUILLÉS ÉQUIVALENTS.

ail. aill, aill e.
euil. euill, euill e, œil.
    (cueil, gueil)
eil. eill, eill e.
il. ill, ill e.
ouil. ouill, ouill e.

APPLICATION.

ail. Bail, mail, rail, camail, gouvernail, soupirail, travail.
aille. Caille, maille, paille, taille, médaille.
aill. Bailleur, émailleur, railleur, tailleur, vaillance, défaillance.

Le bail du locataire, le camail du curé, le gouvernail du navire, le soupirail de la cave, le poitrail du cheval, l'ail a une odeur forte, le tailleur de pierre, la vaillance du général, la défaillance du malade.

---

e, eu — œ, œu, ent.
euil — euille. cuill. œil.

OEil, œillade, œuvé, l'œuvre, la manœuvre, la sœur, le cœur, l'œuf, le bœuf, le deuil, le seuil, le fauteuil, le cerfeuil, le bouvreuil, le chevreuil, le cercueil, le recueil, l'orgueil, la feuille, le feuillage, je recueille.

Le vœu de ma sœur, ma mère a bon cœur, la manœuvre militaire, un œuf à la coque, du bœuf à la mode, le bœuf laboure la terre, le seuil de la porte, le deuil de la veuve, la manivelle du treuil, une feuille de tilleul, le joli feuillage de la plante, la prunelle de l'œil, la gorge rouge du bouvreuil, le cercueil de chêne, je recueille le blé, la cueillette du miel, l'orgueil, on ne recueille que ce qu'on a semé.

***

é — ez, et *(le mot et)*.

Bez, dez, fez, lez, mez, nez, pez, rez, sez, tez, vez, cez, gez, quez, guez, chez, gnez, phez.
Le nez aquilin, venez chez moi, la vez le pavé, évitez le scandale, le riche charitable soulage la veuve et l'orphelin, j'honore mon père et ma mère.

***

è — es dans les mots d'une seule syllabe : Tu es, des, les, mes, tes, ces, ses.

Tu es bon, tu es poli, tu es sage.

***

è — est : il est, c'est, m'est, t'est, s'est.

Dieu est le scrutateur du cœur, le travail est devoir, l'argile est une terre molle et ductile pour faire la brique.

***

è — et, à la fin des mots.

Filet, navet, corset, poulet, chapelet, le lacet du corset, le duvet du poulet, le fi let du pê cheur, le bri quet phos pho ri que, le mu guet et le ser po let, le per ro quet et le san son net, le ge nêt de la fo rêt.

---

e — es à la fin des mots.

Gar des, pa ro les, plu mes, car tes, pla ces, cour ses des gar des fi dè les, les pa ro les di vi nes, mes plu mes fi nes, tes car tes neu ves, re gar de ces gla ces, tu man ges, tu par les, tu te bles ses.

è — ai, ei, ey | eil — eill e, eill.

La ba lei ne, la nei ge, la pei ne, la rei ne, la Sei ne, la vei ne, l'ha lei ne.

Le so leil, le ré veil, le con seil, le som meil, l'o reill e, la veill e, la cor beill e, la treill e, le treill a ge, la vieill es se, le bey, le dey.

La ba lei ne est un pois son, le har pon a per cé la ba lei ne, la blan cheur de la nei ge, une pei ne de cœur, Ma de lei ne a de la pei ne, tou te pei ne mé ri te sa lai re, le pa ge de la rei ne, le fleu ve de la Sei ne, du mar bre vei né, le nu mé ro trei ze, la trei zi è me page du li vre, le to me sei zi è me, le sei gle se mé avec du blé por te le nom de méteil, le dimanche est le jour du Seigneur, la verveine est une plante médicinale.

Le réveil du jour, la lumière du soleil, le conseil de guerre, la peur conseille mal, le service de vermeil, Arsène a la figure vermeille, la corbeille d'or, le teillage mécanique du chanvre, l'abeille tire le miel de la fleur, une bouteille de liqueur, la belle treille du jardin, le treillage du parc, mon vieil ami, ma vieille tante, respecte la vieillesse!

il — ille, ill.

Le babil, le péril, la bille, la chenille, la quille, la vrille, le papillon, le tourbillon.

Le babil de la pie, la bille d'ivoire, la quille rouge, une anguille de mer, le papillon se forme de la chenille, le tourbillon du monde, la vrille de fer.

o — au, eau.

Pau, peau, bureau, couteau, morceau, seau, veau, copeau, rateau, poteau, sureau.

Le seau de sapin, le berceau de jasmin, le vin coule du tonneau, la gerçure de la peau, le bateau vogue sur l'eau, Guillaume me fera un beau cadeau, du bureau j'ai vu le donjon du château, le manche du rateau est neuf, il y a un joli rameau sur le gâteau, le chameau porte le fardeau, le poteau indique la route, le drapeau de la France, le bateau à vapeur, le rideau de verdure, une cervelle de veau, le tableau de lecture, le beau chapeau de paille de Fargeau.

---

un — um, eun.

Alphonse est parti à jeun pour Autun, il ira lundi à Verdun, ma tante défunte, le parfum de la fleur.

---

an — am, en, em, ean, aon, aen.

La lance, la lampe, la rampe, le camphre, la chambre, le champignon, le flambeau, la hampe, la campagne.

Ma tante, la tente, la denture, la rente, la vente, le temple, la trempe, la tempête, Jean, Laon, faon, paon, Caen.

La lampe de bronze, le jambon salé, u[n]
alambic de cuivre, l'ambre est une sub[s]-
stance odorante, le soleil est le flambea[u]
du jour, la campagne fertile, la chamb[re]
du conseil, le crampon de la porte, [la]
hampe de la lance, le camphre a u[ne]
odeur aromatique, le tambour major c[om]-
bataillon, j'aime la solitude de la campagne, une entente cordiale, la fente [de]
la muraille, une ampoule est une p[e]-
tite enflure pleine d'eau sur la peau, j'[ai]
entendu le murmure de l'eau du ruissea[u],
le pécheur offense Dieu, la science d[i]-
vine, la bonne conscience procure [la]
santé de l'âme, l'abstinence conserve [la]
santé, la chapelle ardente, la splendeu[r]
de la fête, la défense du coupable, [le]
mur penche, il renversera la tente d[u]
saltimbanque, le menteur ne mérite a[u]-
cune confiance, l'amertume du repen-
tir, l'empereur magnanime, je conten[m]-
ple la beauté du ciel, le général a rem-
porté la victoire, la violence de [la]
tempête, le remblai de la cave, le m[a]-
réchal trempe le fer pour le durcir, [on]
sème le seigle, l'avoine d'hiver et le b[lé]
en septembre, le beau plumage du pao[n],
le faon du chevreuil, Jean ira à Laon [et]
à Caen.

in, im, yn, ym, ain, aim, ein

Le lin, le syndic, la syntaxe, la syncope, la timbale, le Simplon, le symbole, la cymbale, le thym, le tympan, le bain, la main, le pain, le gain, le nain, sain, tain, le daim, la faim, essaim, la ceinture, la peinture, la teinture, rein, sein, l'empreinte de la médaille, de main Germain ira au bain, le grain de blé a mûri, un canon d'airain, j'ai vu mon parrain et ma marraine, le tain de la glace, Romain a joué à la main chaude avec Urbain, le pain céleste, aime ton prochain comme toi-même, le daim a faim, Donne à celui qui a faim et soif, le pinceau du peintre, une ceinture de cuir, le dessein criminel, le sein de la divinité, le symbole de la foi, le tympan de l'oreille, Olympe a lu le symbole, le lapin a brouté le thym du jardin, le sycophante est un imposteur, Mathurin sera le syndic de la faillitte, la syncope, la syllabe, l'aigle impériale, la montagne du Simplon, le parleur importun, la timbale neuve de Justin, l'eau limpide de la fontaine, la simplicité du cœur.

on — om

La bon té, la bom be, la pom pe, la tom be, la pom me, la gom me, la sain te com mu nion, l'hom me a é té cré é à l'i ma ge de Dieu, le tri om phe de la vé ri té, la pom pe as pi ran te é lè ve l'eau, l'ou ra gan a rom pu la di gue du fleu ve, ton nom est jo li, un mé ri te ac compli, de la gom me a ra bi que, u ne com po te de pom me, un chou pom mé, l'a mi an te est un mi né ral in com bus ti ble, on ti re de la pom me de ter re de la fé cu le, de l'eau-de-vie et du su cre, u ne trom be d'eau, la ma la de tombe en syn co pe, la fê te de la Pen te cô te tom be le di man che, la cha leur pom pe l'hu mi di té, re gar dez Del phi ne com me el le tra vail le, tra vail lez aus si; com me Sa lo mon, de mandez la sa ges se.

OU. — ouil, ouill e, ouill.

Du fe nouil, la fouill e, la ci trouill e, la pa trouill e, il mouill e, il fouill e, du bouill on, la rouill e ron ge le fer, la pa trouill e noctur ne de la gar de, la douill e de la pi que, du bouill on de veau, la ci trouill e est u ne plan te po ta gè re ram pan te.

15ᵉ Exercice.

Lecture des mots présentant des lettres nulles.

Toute lettre qui ne modifie pas le son composant, la syllabe est nulle à la fin des mots.

---

a

Bas, cas, pas, matelas, tas, tu vas, tu prias, tabac, estomac, almanach, chat, chocolat, avocat, soldat, sénat, plat, mât, rat, je bats, tu bas, il bat.

---

ar

Art, dard, fard, lard, part, canard, bavard, lézard, renard, placard, brouillard, vieillard; je pars, tu pars, il part.

é

Journée, soirée, dictée, purée, poupée, dragée, platrée, Elysée, les curés, les députés, les vérités.

---

i

Lie, mie, maladie, loterie, toupie, Tobie, Jérémie, une scie, la Syrie, pluie, les toupies, tu copies, tu étudies, tu pries, logis, tapis, Paris, paradis, brebis, salsifis, débit, lit, habit, esprit, petit, nid, prix, perdrix, crucifix, bruit, fruit, nuit.

è

Après, grès, abcès, accès, excès, succès.

er

Aubert, Hubert, Robert, concert, couvert, divers, travers.

o

Broc, croc, dos, nos, vos, repos, lot, mot, pot, sot, dévot, pavot, rabot, sabot, galop, sirop, mes sabots.

or

Bord, nord, corps, port, sort, tort, mort, fort.

u

Mue, nue, rue, vue, tenue, laitue, morue, charrue, statue, du jus, je bus, tu lus, il fut, le flux, le reflux, je sue, tu sues, il remue.

---

eu

Bleue, queue, eux, ceux, deux, feux, cieux, lieux, mieux, vieux, jeux, nœud, je peux, tu veux, il peut, il veut.

---

ai

Mais, jamais, laquais, marais, mauvais, fait, lait, faix, paix, haie, claie, plaie, craie. Je parlais, tu dormais, il mangeait, elle causait.

---

au

Baux, chaud, maux, saut, taux, veaux, chevaux, chapeaux, morceaux, rideaux, journaux, cardinaux, joyaux, copeaux, couteaux, taureaux, il faut.

---

an, en, am, em.

Banc, dans, gant, rang, sang, sans, étang, enfant, camp, champ, chant, blanc, flanc, gland, franc, grand, cent, dent, lent, vent, je rends, tu vends, il prend, temps, dépens, encens, hareng, froment.

---

in, ein.

Moins, point, coing, poing, instinct, vingt, seing, teint, il ceint, je peins, il feint, par paing.

---

on.

Bond, fond, gond, jonc, long, mont, pont, dont, blond, tronc, rond, plomb, je tonds, tu fonds, la poule pond.

---

ou.

Boue, joue, houe, coût, goût, choux, cailloux, loup, poux, roux, sous, nous, vous, tout, toux, je joue, tu joues, ils jouent, elles louent.

---

our.

Bourg, cours, court, lourd, sourd, recours, secours, discours, concours, toujours.

oi.

Bois, doigt, fois, foie, joie, soie, voie, lois, noix, voix, poix, toit, poids, choix, trois, droit, croix, je vois, tu dois, il reçoit.

LECTURE COURANTE.

Un tas de blé, le bas de la robe, le matelas du lit, le mât de Cocagne, le canard blanc, le retard du soldat, la rivière du Gard, le bavard parle trop, ce chat a l'œil hagard, Léonard a mangé du homard, il est parti sur le tard, Médard a coupé la hart du fagot, le lézard a montré son dard, le brouillard augmente le rhumatisme du vieillard, ce lard est rance, j'ai lu l'almanach picard, j'ai mal à l'estomac.

La durée de la vie, la poupée de la petite Aimée a été jetée dans la cheminée, la purée sent la fumée, le prophète Elysée, les députés ont voté, les vérités de la religion.

Le paradis terrestre, Paris est la capitale de la France, le tapis vert, le tamis de crin, le mépris de la vanité, de la lie de vin, de la mie de pain, j'ai vu le nid de la pie, Sophie se marie à la mairie, la pie a mangé la mie de la miche, la brebis a pâturé dans le pré.

Le sirop pectoral, le bord du verre, de la graine de pavot, la tortue se remue peu, la statue de marbre, la vue courte, le nœud de la corde, les jeux de hasard, l'orgueilleux n'estime que soi, des vœux sincères.

Albert a bu du lait chaud, Gervais a coupé sa haie de sureau, la bonne conscience donne la paix du cœur, le marais salant, le palais impérial de Compiègne, le saut du mouton, de la chaux vive, cette denrée est vendue à un taux élevé.

Le camp de Châlons, un champ de houblon, le chant du pinson, un grand étang, le plant de vigne, j'ai acheté des gants de peau, j'ai mangé du hareng saur, le serpent rampe sur la terre, je rends grâce à Dieu, le temps perdu ne se retrouve jamais, Edmond tond le gazon, la poule pond, le bond de la balle, le jonc marin, le long pont d'Avignon, du plomb fondu, le fil à plomb du maçon, marche d'aplomb.

Je loue la vertu, on cultive la terre avec la charrue et la houe, la boue de la rue, la roue de la voiture, un coup de poing, la queue du loup, la toux sèche, le houx a une feuille verte et piquante, le bâton court, le chameau porte de lourds fardeaux.

Le doigt de Dieu, le froid vif, le poinçon a percé le doigt du petit garçon, un ver à soie, la voie du salut, une spatule de bois, le poids de l'horloge, le signe de la croix, le climat de la France est sensiblement plus chaud au midi qu'au nord, tenez vos troupeaux à l'étable si le brouillard de la pluie mouille la prairie.

Règles particulières pour les sons.

16ᵉ Exercice.

ai se prononce **é** lorsqu'il termine sans articulation finale des mots précédés de **je**.

APPLICATION.

J'ai, je dînai, je parlai, je lirai, je mangerai, je sortirai.

3.

Dans le corps des mots, **ay** se prononce **ai-i**
oy se prononce **oi-i**

APPLICATION.

Moyeu, joyau, noyau, rayon, crayon, voyagé, payeur, pays.

Le moyeu de la roue, le joyau de la dame, le noyau de pêche, un rayon de miel, un crayon noir, le voyage de mer, le payeur public, le voyageur fatigué a couché à Noyon, le royaume de Dieu.

---

eu, eus, eut se prononcent **u** lorsqu'ils sont précédés des mots **je, tu, il, nous, vous, ils, elles**.

EXEMPLE.

J'eus, tu eus, il eut, nous eûmes, vous eûtes, ils eurent, elles eurent; j'ai eu, tu as eu, il a eu.

J'eus faim, tu eus soif, il eut tort, nous eûmes froid, vous eûtes peur, ils eurent chaud.

---

ai ent se prononce		**ai**
ou ent	—	**ou**
oi ent	—	**oi**
i ent	—	**i**
u ent	—	**u**
e nt	—	**e**

APPLICATION.

Ils jouaient,   elles brodaient,
Ils jouent,   elles louent,
Ils voient,   elles croient,
Ils parlent,   elles chantent.

Mes frères étaient sages, ils avaient des prix, les martyrs ne se défendaient pas, ils mouraient, les poissons nagent, les oiseaux volent, les chiens aboient, les loups hurlent.

Paul et Oscar avaient des prix, parce qu'ils étaient sages et studieux ; Adolphe et Victor étaient punis, parce qu'ils jouaient et ne savaient pas leurs leçons.

---

en se prononce quelquefois **in**.

APPLICATION.

Le bien, le gardien, le lien, le mien, le tien, le sien, rien, le chien, l'opticien, le pharmacien, le méridien, citoyen, doyen, mitoyen.

Je viens, tu viens, il vient, je tiens, tu tiens, il tient.

LECTURE COURANTE.

Le bien public, le lien du sang, le méridien de Paris, je tiens à ma parole, ce tableau tient à un clou, un malheur ne vient jamais seul, le bien mal acquis ne profite jamais, Lucien parle bien, un bienfait reproché perd tout son mérite, Julien sera mécanicien, à qui ce canif? j'ai le mien, as-tu le tien? Sébastien a le sien, le pharmacien a perdu son chien, Julienne a ouvert la persienne, Etienne m'a donné un lapin de garenne, le soutien de l'orphelin, le gardien du parc, le pain quotidien, le lien de paille de seigle, ce mouton est gras, il a bien pâturé, rien n'est beau que le vrai, le vrai seul est aimable, il faut savoir se tenir où l'on est bien, le doyen du canton, le plus sûr moyen, le mur mitoyen, ce chien a léché la plaie du malade.

---

ed — **é** à la fin des mots : **pied, il sied**.

Vous me marchez sur le pied, la clémence sied bien aux personnes royales, les Hébreux traversèrent la mer Rouge à pied sec.

ef — **é** dans clef : la clef de la porte.
er — **é** à la fin de plusieurs mots.

APPLICATION.

Le ber ger, le bou cher, le ca va lier, le char cu ti er, le bou lan ger, l'é pi ci er, le mer ci er, le fer mi er, le pa pi er, l'ou vri er le ver ger, le gre ni er, le guer ri er, l'o ran ger, la ver, pa ver, râ per, ca cher, mar quer, char ger, par quer, vi der, ti rer, por ter, ga gner, chan ger, man ger, ron ger.

Le ber ger fe ra pâ tu rer son trou peau dans le ver ger, le meu ni er vend sa fa ri ne au bou lan ger, le bou cher a chè te ses veaux chez le fer mi er, al lez a che ter vo tre goû ter chez le pâ tis si er, le guer-ri er af fron te le dan ger, l'o ran ger a fleu ri le der ni er jour de jan vi er, al lez cher cher du thé chez l'é pi cier, à l'œu vre vous con naî trez l'ou vri er, soi gnez vos ca-hi ers, ne fai tes pas tom ber l'en cri er sur le pa pi er, il fau dra ba la yer le gre ni er, l'em pe reur Na po léon III a fait restau-rer le châ teau de Pi er re fonds.

---

um — **ome** dans les mots suivants :

Al bum, dé co rum, gé ra ni um, lau da-

num, ma xi mum, mi ni mum, o pi um, pen-
sum, ster num, rhum, ul ti ma tum, fac-
to tum.

———

un — on dans les mots :
Punch, Sund, Dun ker que.

———

in — i dans les mots :
In no cen ce, in no cent, in no cem ment,
in nom bra ble.

———

am — ame dans les mots :
A bra ham, Ro bo ham, Jé ro bo ham,
Cham.

———

em — ème dans les mots :
Sem, Si chem, Jé ru sa lem ; Sem, Cham
et Ja phet étaient les en fants de No é.

———

Règles pour les Articulations.

s se prononce z, entre deux voyelles.

APPLICATION.

Ca se, ro se, cou sin, rai sin, mai son, sai son, ro seau, ra soir, Jo seph, E li sa beth.

LECTURE COURANTE.

L'E gli se ca tho li que, la mai son de Dieu, l'hi ver est la sai son des nei ges, la ven dan ge c'est la ré col te du rai sin pour fai re du vin, du rai sin de Co rin the, l'oi si ve té est la mè re de tous les vi ces, ce ra soir cou pe bien, un va se de por ce lai ne, la ti sa ne de gui mau ve m'a gué ri, la vi si te pas to ra le de l'é vê que, le voi si na ge de la fo rêt, la va se de l'é tang, la ro se est la rei ne des fleurs, la ca se de l'ar moi re, la rai son dis tin gue l'hom me de la bê te, la ro sée hu mec te la ter re et ra ni me les plan tes, il n'y a de gran deur po si ti ve qu'en Dieu, le pau vre n'est pas ce lui qui a peu, mais ce lui qui dé si re beau coup, on ap pel le l'oi seau a vec le pi peau et le cha lu meau, la feuil le du ba si lic ré pand u ne o deur for te et a gré a ble, le prin temps est la sai son des fleurs, Jo seph, fils de Ja cob, fut ven du par ses frè res, l'ar se nic est un poi son, le chef de cui si ne, la bon ne foi est la ba se du com-

mer ce, la bi se du Nord a mè ne la froi-
du re, la bu se est un oi seau stu pi de, en
fai sant le bien, on ne craint rien, un beau
fai san do ré, Lé on a per du la rai son,
u ne pri se de ta bac, on voit u ne pail le
dans l'œil de son voi sin et l'on ne voit
pas une pou tre dans le si en, sou ve nez-
vous que dans la vi e, sans un peu de travail on n'a point de plai sir, la rei ne de
Sa ba vi si ta le roi Sa lo mon, Jé sus a tant
ai mé les hom mes qu'il est mort pour eux.

---

ti se prononce **ci** dans les mots terminés en
ion, **ian**, **iel**.

APPLICATION.

Ac tion, na tion, onc tion, pu ni tion, mar-
ti al, par ti al, par ti el.

La na tion fran çai se, u ne pu ni ti on cor-
po rel le, l'onc ti on sain te du bap tê me,
un cou ra ge mar ti al, un hom me par ti al,
une som me par ti el le, la ro be nup tia le,
la pa ti en ce a dou cit le ma lheur, la po-
tion du ma la de, la ra ti on a bon dan te, le
sol dat man ge du pain de mu ni ti on, Jo-
seph a é té stu di eux, il au ra une men-
ti on ho no ra ble, la mort est la sé pa ra-

tion de l'âme et du corps, la vaccination préserve de la petite vérole.

---

t précédé de **s** ou de **x**, se prononce **t** dur.

APPLICATION.

Gestion, mixtion, combustion, question, la gestion de la tutelle, une mixtion est un mélange de substances, la combustion du charbon, répondre à la question, la sentinelle est en faction sur le bastion, la suggestion du mal.

---

ch — **k** dans plusieurs mots :

Achas, Achab, choléra, chaos, chœur, écho, Eucharistie.

---

ch suivi d'une consonne — **k**.

Chrétien, Christ, chrôme, chlore, chlamide, chrysalide, Christophe.

Notre-Seigneur Jésus-Christ institua le sacrement de l'Eucharistie la veille de sa passion.

Le chrétien est celui qui a reçu le baptême et qui professe la religion de Jésus-Christ. La religion chrétienne.

L'é cho ré pè te la pa ro le.
Le cha os de la voi tu re.
Le chlo ru re de chaux est u ne substan ce dé sin fec tan te. Saint Chris to phe.

Mots dans lesquels les deux **ll** se prononcent :

Il lu mi na tion, il li si ble, il lus tre, vacil la tion.

Mots dans lesquels l'articulation répétée se prononce comme s'il n'y avait qu'une seule lettre :

Vil le, vil la ge, mil lion, tran quil li té.

Effets du tréma.

aï	se prononce	**a — i**
aü	—	**a — u**
aïn	—	**a — in**
oü	—	**o — u**
oï	—	**o — i**
guë	—	**gu**

APPLICATION.

A dé la ï de, na ïf, na ï ve té, E sa ü, Sa ül, Ca ïn, pa ïen, la ï que, fa ï en ce, Is ra ël, No ël, Mo ï se, é go ïs me, é go ïs te, hé ro ï ne, hé ro ï que, ci guë, con ti gu ë, exi gu ë, bisai gu ë.

LECTURE COURANTE.

La ciguë est un poison, l'exiguïté de la chambre, une fortune exiguë, une douleur aiguë, la Normandie est contiguë à la Bretagne, Caïn tua son frère Abel, Dieu donna sa loi à Moïse sur la montagne de Sinaï, du blé de maïs, la vaisselle de faïence, une vertu stoïque, un courage héroïque, un aveu naïf, une réponse naïve, la naïveté de l'enfance, Saül, premier roi d'Israël, l'égoïste aime trop à parler de soi, l'égoïsme est un grand défaut, un aïeul est le grand-père paternel ou maternel, la fièvre typhoïde, Jeanne d'Arc fut une héroïne, Esaü était frère de Jacob, le païen, il ne faut haïr personne, Jésus-Christ ressuscita la fille de Jaïre, Noël est le jour de la nativité.

Liaison des mots dans la lecture.

Prononcez

Je crois en Dieu	Je croi zan Dieu.
Venez avec moi	Vené zavec moi.
Soyons bons amis	Soyons bon zamis.
Grand homme	Gran tome.
J'ai froid aux pieds	J'ai froi tau pieds.

Victor veut aller à Paris	Victor veu talé ra Paris.
Rang élevé	Ran kélevé.
Un long examen	Un lon kegzamin.
Le respect humain	Le respè kumain.
Un bon enfant	Un bon nanfant.
Il est bien obéissant	Il est bien nobéissant.
Il est trop avare	Il est tro pavare.
Un retard imprévu	Un reta rimprévu.
Il y a neuf ans.	Il y a neu vans.

Règles pour les articulations (suite).

	dans	prononcez
c — g	second, czar	segond, gzar.
x — z	deuxième, sixième, dixième	deuzième, sizième, dizième.
a — e	excité, excepté, excès, excellence	eccité, eccepté, eccès, eccellence.
x — ss	six, dix, soixante, Auxonne	sisse, disse, soissante, Aussonne.
x — cs	axe, luxe, boxeur, phénix	acse, lucse, bocseur, phénicse.
c — gze	exil, exercice, examen, exemple	egzil, egzercice, egzamen, egzemple.
qui — qui	équitation, quintuple.	équitation, quintuple.
qu — cou	aquatique, quadrupède.	acouatique, couadrupède.

Signes orthographiques.

ACCENTUATION.

Accent aigu	(´),	Curé, vérité.
Accent grave	(`),	Père, mère.
Accent circonflexe	(^),	Fête, bâton, pâte.
Tréma	(¨),	Caïn, Moïse, ciguë.
Apostrophe	(').	L'âme, l'or, l'argent.
Cédille	(ɔ),	Façade, leçon, reçu.
Trait d'union	(-),	Chef-lieu, arc-en-ciel.
Parenthèses	( )	
Guillemets	« »	

PONCTUATION.

Virgule	(,)	Point-virgule	(;)
Deux points	(:)	Point	(.)
Point d'interrogation	(?)	Point d'exclamation	(!)

CHIFFRES.

1, 2, 3, 4, 5, 6, 7, 8, 9, 0.

PRIÈRES ORDINAIRES.

SIGNE DE LA CROIX.

Au nom du Père, et du Fils, et du Saint-Esprit. Ainsi soit-il.

ORAISON DOMINICALE.

Notre Père, qui êtes aux Cieux, que votre nom soit sanctifié; que votre règne arrive; que votre volonté soit faite, en la terre comme au Ciel. Donnez-nous aujourd'hui notre pain de chaque jour; pardonnez-nous nos offenses comme nous pardonnons à ceux qui nous ont offensés, et ne nous laissez pas succomber à la tentation, mais délivrez-nous du mal. Ainsi soit-il.

SALUTATION ANGÉLIQUE.

Je vous salue, Marie, pleine de grâce; le Seigneur est avec vous; vous êtes bénie par-dessus toutes les femmes, et Jésus, le fruit de vos entrailles, est béni. Sainte Marie, mère de Dieu, priez pour nous, pauvres pécheurs, maintenant et à l'heure de notre mort. Ainsi soit-il.

SYMBOLE DES APÔTRES.

Je crois en Dieu, le Père tout-puissant, Créateur du Ciel et de la terre, et en Jésus-Christ, son fils unique, Notre-Seigneur, qui a été conçu du Saint-Esprit, est né de la Vierge Marie, a souffert sous Ponce-Pilate, a été crucifié, est mort, a été enseveli, est descendu aux enfers; le troisième jour, est ressuscité des morts, est monté aux Cieux, est assis à la droite de Dieu le Père tout-puissant, d'où il viendra juger les vivants et les morts. Je crois au Saint-Esprit, la sainte Église catholique, la communion des saints, la rémission des péchés, la résurrection de la chair, et la vie éternelle. Ainsi soit-il.

CONFESSION DES PÉCHÉS.

Je confesse à Dieu tout-puissant, à la bienheureuse Marie, toujours vierge, à saint Michel Archange, à saint Jean-Baptiste, aux apôtres saint Pierre et saint Paul, à tous les saints que j'ai beaucoup péché, par pensée, par parole et par action; c'est ma faute, c'est ma faute, c'est ma très-grande faute. C'est pourquoi, je supplie la bienheureuse Marie, toujours vierge, saint Michel Archange, saint Jean-Baptiste, les apôtres saint Pierre et saint Paul, tous les saints de prier pour moi le Seigneur notre Dieu. Que le Dieu tout-puissant nous fasse miséricorde, qu'il nous pardonne nos péchés, et nous conduise à la vie éternelle. Que le Seigneur tout-puissant et miséricordieux nous accorde le pardon, l'absolution et la rémission de nos péchés. Ainsi soit-il.

ACTE DE FOI.

Mon Dieu, je crois fermement tout ce que croit et enseigne la sainte Église catholique, apostolique et romaine, parce que c'est vous, ô mon Dieu, qui l'avez dit et révélé, et qu'étant la vérité même, vous ne pouvez ni vous tromper, ni nous tromper.

ACTE D'ESPÉRANCE.

Mon Dieu, j'espère, avec une ferme confiance, que vous me donnerez, par les mérites infinis de Jésus-Christ, mon Sauveur, votre grâce en ce monde, et, si j'observe vos commandements, votre gloire dans l'autre, parce que vous l'avez promis et que vous êtes tout-puissant, bon et fidèle dans vos promesses.

ACTE DE CHARITÉ.

Mon Dieu, je vous aime de tout mon cœur et par-dessus toutes choses, parce que vous êtes infiniment bon et infiniment aimable. J'aime aussi mon prochain comme moi-même pour l'amour de vous.

PRIÈRE AVANT LE REPAS.

Bénissez, ô mon Dieu, la nourriture que nous allons prendre, et faites-nous la grâce d'en bien user.

PRIÈRE APRÈS LE REPAS.

Mon Dieu, je vous remercie de la nourriture que vous avez donnée à mon corps; soyez vous-même celle de mon âme.

Saint-Cloud. — Imp. de Mᵉ Vᵉ Belin.

ENSEIGNEMENT CLASSIQUE AGRICOLE

COURS COMPLET
A L'USAGE DES ÉCOLES PRIMAIRES

SOUS LA DIRECTION

De M. Louis GOSSIN

Cultivateur, Chevalier de la Légion d'honneur, Professeur d'agriculture du département de l'Oise et de l'Institut normal agricole de Beauvais;

AVEC LA COLLABORATION

De Professeurs de Facultés, de Professeurs de Lycées et d'Inspecteurs de l'Instruction primaire

Approuvé par la Commission des Bibliothèques scolaires
Recommandé par la Commission supérieure de l'Enseignement agricole, sous la présidence de S. Exc. M. Duruy, ministre de l'Instruction publique.

ARITHMÉTIQUE ÉLÉMENTAIRE AGRICOLE, par M. Louis Gossin.
   PARTIE DE L'ÉLÈVE. . . . . 1 fr. 25 c.
   PARTIE DU MAITRE. . . . . 1 fr. 60 c.

GRAMMAIRE FRANÇAISE, avec exemples et exercices se rapportant à l'agriculture, par MM. Louis Gossin et Lancelin, inspecteur de l'enseignement primaire. 1 vol. in-12, cart.   1 fr.

COURS GRADUÉ DE DICTÉES FRANÇAISES, faisant suite aux exercices de la *Grammaire française* et pouvant servir de complément à toutes les grammaires, par M. Louis Gossin. 1 vol. in-12, cart.   70 c.

SYLLABAIRE, par M. Louis Gossin. 1 vol. in-12, cart.   40 c.

MÉTHODE RATIONNELLE DE LECTURE, d'après les principes de la *Méthode Sénéchal*, à caractères mobiles. 9 tableaux. Prix en feuilles : 1 fr. 60 c. — Sur carton.   2 fr. 80 c.

PREMIER LIVRE DE LECTURE COURANTE, à l'usage des plus jeunes élèves des écoles primaires rurales, par M. Louis Gossin. 1 vol. in-12.   60 c.

LECTURES CHOISIES, accompagnées de questionnaires et d'exercices, à l'usage des écoles et des familles, par M. Louis Gossin. 1 très-fort vol. in-12, cart.   1 fr. 60 c.

MANUEL ÉLÉMENTAIRE ET CLASSIQUE D'AGRICULTURE, D'HORTICULTURE ET DE JARDINAGE, par M. Louis Gossin. 1 fr. 25 c.

HISTOIRE DE FRANCE, contenant l'histoire du travail agricole et industriel, par M. Emile Chasles, professeur à la Faculté des lettres de Paris. 1 vol. in-12, cart.   1 fr. 25 c.

HISTOIRE NATURELLE, par M. Louis Gossin. 1 fort vol. in-12 de 400 pages, illustré de nombreuses gravures. In-12, cart. 2 fr.

PHYSIQUE ET MÉCANIQUE AGRICOLES, par M. Louis Gossin. 1 beau vol. in-12, illustré de nombreuses gravures.   2 fr.

CHIMIE AGRICOLE, par M. Masure, professeur au lycée d'Orléans, 1 beau vol. in-12, illustré de nombreuses gravures. In-12, cart.   1 fr. 60 c.

SAINT-CLOUD. — IMPRIMERIE DE Mme Ve BELIN.

www.ingramcontent.com/pod-product-compliance
Lightning Source LLC
LaVergne TN
LVHW051501090426
835512LV00010B/2276